Der Regentropfen

Für Rory – J. A.

Für Caiden, Lucy und Ben – M. G.

Titel der englischen Originalausgabe:
Nature's Miracles: Once there was a Raindrop
© Wayland 2009
Wayland is a division of Hachette Children's Books,
an Hachette UK Company.
Written by Judith Anderson, illustrated by Mike Gordon

Bibliografische Information der Deutschen Nationalbibliothek
Die Deutsche Nationalbibliothek verzeichnet diese
Publikation in der Deutschen Nationalbibliografie;
detaillierte bibliografische Daten sind im Internet über
http://dnb.d-nb.de abrufbar.

Das Wort *Meyers* ist für den Verlag Bibliographisches Institut
GmbH als Marke geschützt.

Alle Rechte vorbehalten. Nachdruck, auch auszugsweise,
vorbehaltlich der Rechte, die sich aus den Schranken des
UrhG ergeben, nicht gestattet.

© der deutschsprachigen Ausgabe
Meyers 2012
Bibliographisches Institut GmbH
Dudenstraße 6, 68167 Mannheim
Aus dem Englischen von Stephanie Menge
Umschlaggestaltung: uli diestel, Leipzig
Printed in China
ISBN 978-3-411-07098-5
www.meyers.de

Kleine Forscher entdecken

Der Regentropfen

Text von
Judith Anderson

Illustrationen von
Mike Gordon

Meyers Kinder- und Jugendbücher

Es regnet.
Regen besteht aus vielen
winzig kleinen Wassertropfen.

Meine Lehrerin sagt: »Jeder einzelne Regentropfen ist Teil des Wasserkreislaufs.«

Wenn ein Regentropfen auf den Boden fällt, versickert er in der Erde und macht sie nass und schlammig.

Oder er bleibt an der Oberfläche und bildet mit anderen Regentropfen eine Pfütze.

Am Boden fließt das Wasser in Kanäle und Bäche.

Oder es sammelt sich unterirdisch.

Die Kanäle und Bäche fließen in einen See ...

... oder ins Meer.

Auf diese Weise trocknen
unsere nassen Sachen.

Und so verschwindet auch das Wasser in der Vogeltränke.

Der Wasserdampf steigt in den Himmel auf. Je höher er steigt, desto kühler wird die Luft. Die kalte Luft verwandelt den Wasserdampf wieder in winzige Wassertröpfchen. Viele von diesen winzigen Wassertröpfchen bilden zusammen eine Wolke.

An kalten Tagen passiert das Gleiche mit dem Wasserdampf in deinem Atem!

Die Wassertröpfchen in den Wolken werden größer und schwerer.

Wenn sie für die Wolken zu schwer werden, fallen sie als Regen zur Erde.

Wenn die Luft eisig kalt ist,
gefrieren die Wassertröpfchen
und werden zu Schneeflocken ...

... oder zu Hagelkörnern.

"Autsch!!"

… und manchmal zu wenig.

Kein Wassertropfen auf unserem Planeten geht verloren. Er wandert immer wieder im Kreis herum.

Darum sagen wir dazu
»Wasserkreislauf«!

Tipps für Eltern und Erzieher

Gemeinsames Anschauen des Buches
Ab dem Alter von 3 bis 4 Jahren nehmen Kinder auch komplexere Abläufe in ihrer Umgebung wahr. Und sie beginnen ihr eigenes Verständnis von der Welt in Sprache umzusetzen. Wenn Sie das Buch zusammen mit Ihrem Kind anschauen, haben Sie Geduld und geben Sie Ihrem Kind ausreichend Zeit, jede Seite genau anzuschauen. Sprechen Sie mit Ihrem Kind über das, was auf jeder Seite passiert und was sich von Seite zu Seite verändert. Ihr Kind wird Ihnen zeigen wollen, was genau mit den Regentropfen im Laufe des Buchs passiert. Stellen Sie Fragen und geben Sie Antworten – so fördern Sie die sprachliche Entwicklung Ihres Kindes auf spielerische Weise.

Das leistet dieses Buch
Das Buch »Kleine Forscher entdecken: Der Regentropfen« veranschaulicht das Naturphänomen des Wasserkreislaufs. Der Regentropfen versickert und fließt ins Meer, dort verdunstet er und steigt als Wasserdampf in den Himmel auf, wo er zusammen mit vielen anderen Regentropfen wieder eine Wolke bildet. Fragen Sie Ihr Kind, ob es noch weitere Vorgänge in der Natur und Tierwelt kennt, die sich immer wiederholen. Die anderen Titel dieser Reihe, »Das Samenkorn«, »Die Raupe« und »Die Kaulquappe«, können Ihnen helfen.
Für Kinder im Alter von 3 bis 4 Jahren ist alles interessant, was sie selbst machen können, was ihre Sinne fordert und überrascht. Jedes dieser Bücher ermutigt kleine Naturforscher, die Welt durch direkte Beobachtung und Erfahrungen zu entdecken. So entwickeln Kinder ein erstes naturwissenschaftliches Verständnis und lernen, die Umwelt differenziert

wahrzunehmen. Zudem wird auch ihre Sozialkompetenz gestärkt, indem sie lernen, Tiere und Pflanzen zu respektieren, Verantwortung für deren Pflege zu übernehmen und in der gemeinsamen Auseinandersetzung ihre Kommunikations- und Kooperationsfähigkeit zu entwickeln.

Was Sie tun können
Ihr Kind braucht Ihre Zuwendung und gemeinsame Unternehmungen. Unterstützen Sie es bei der sinnlichen Entdeckung unserer Umwelt und geben Sie ihm Aufmerksamkeit. Diese kleinen Spiele und Experimente können Sie gemeinsam unternehmen:

Regen messen: Nehmen Sie eine Plastikflasche und schneiden Sie den Flaschenhals ab. Kleben Sie die scharfen Schnittränder mit Klebeband ab. Legen Sie zum Beschweren Steine oder Murmeln auf den Flaschenboden. Stellen Sie das »Messgerät« an einer Stelle im Freien auf, wo der Regen unbehindert fällt. Markieren Sie nach jedem Schauer den Wasserstand und leeren Sie die Flasche anschließend wieder. So kann man sehen, dass mit jedem Schauer unterschiedlich viel Wasser fällt.

Zimmerregen: Decken Sie eine Schüssel mit heißem Wasser mit einem Teller ab. Legen Sie auf den Teller einige Eiswürfel. Nach wenigen Minuten sammeln sich Regentropfen an der Unterseite des Tellers. Beobachten Sie, wie die Tropfen immer größer werden und als »Regen« wieder in die Schüssel fallen.

Weitere Bücher

Mein Forscherspielbuch von Christina Braun, Ute Diehl und Monika Diehm (Dudenverlag 2010)

Register

Atem 19
Bäche 10, 12
Boden 8
Erde 8
gefrieren 22
Hagelkörner 23
Himmel 18
Kanäle 10, 12
Luft 15, 22
Meer 13, 14
nass 8, 16

Oberfläche 9, 14
Pfütze 9
Planet 28
Regen 4, 21
regnen 4, 24, 26
Regentropfen 6, 8, 9
Schneeflocken 22
See 12
Sonne 14
unterirdisch 11
Verdunstung 15

Vogeltränke 17
Wasser 10, 15, 17, 25
Wasserdampf 15, 18, 19
Wasserkreislauf 6, 7, 29
Wassertropfen, Wassertröpfchen 4, 18, 20, 22, 28
Wolken 18, 20, 21